Cᵀᴱ DE CHAUDORDY

DE

L'ÉTAT POLITIQUE

DE LA NATION FRANÇAISE

PARIS

LIBRAIRIE PLON

E. PLON, NOURRIT ET Cⁱᵉ, IMPRIMEURS-ÉDITEURS

RUE GARANCIÈRE, 10

1888

Tous droits réservés

DE

L'ÉTAT POLITIQUE

DE LA NATION FRANÇAISE

DU MÊME AUTEUR :

La France à la suite de la guerre de 1870-1871. *La France à l'intérieur. — La France à l'extérieur,* par le Comte DE CHAUDORDY, 2ᵉ *édition.* Un vol. in-8º. Prix. . . . . 3 fr.

PARIS. — TYP. DE E. PLON, NOURRIT ET Cⁱᵉ, RUE GARANCIÈRE, 8.

C^{TE} DE CHAUDORDY

DE

L'ÉTAT POLITIQUE

DE LA NATION FRANÇAISE

PARIS

LIBRAIRIE PLON

E. PLON, NOURRIT ET Cie, IMPRIMEURS-ÉDITEURS

RUE GARANCIÈRE, 10

1888

Tous droits réservés

PRÉFACE

***

Dans une brochure que nous avons publiée l'an passé, nous disions :

« Que les Français ne se fassent pas illusion ; s'il n'est pas apporté des changements profonds dans les procédés du gouvernement, tel qu'il est aujourd'hui organisé, ou si le système n'en est pas modifié, la décadence, déjà commencée, s'accentuera rapidement. »

Et nous ajoutions :

« Dans peu de temps, nous allons nous trouver en présence de grands et terribles anniversaires. Ces époques seront les plus dangereuses. Si, d'ici là, d'énergiques résolutions n'ont pas été prises, il pourra en résulter des maux irréparables. »

Ce cri d'alarme, comme on l'a appelé, étant malheureusement bien près d'être une vérité, nous avons pensé qu'il était de notre devoir d'insister de nouveau sur la nécessité de modifications gouvernementales, et, pour qu'elles puissent s'accomplir promptement, nous avons cherché les moyens de les rendre faciles à exécuter, tout en exposant les causes de nos très vives inquiétudes.

DE
L'ÉTAT POLITIQUE
DE LA NATION FRANÇAISE

Son passé historique. — Son caractère. — Ses qualités. — Ses défauts. — Les révolutions et leurs conséquences. — L'instruction publique. — L'influence des femmes. — L'éducation politique. — Les Chambres. — Les ministres. — Le gouvernement. — La Constitution française. — La Constitution des États-Unis. — Difficultés de la situation présente. — Comment y porter remède? — Comment faire renaître les sentiments d'union nationale? — Conclusion.

La nation française n'a pas, dans l'état actuel des choses, les qualités qui lui seraient nécessaires pour conduire au mieux de ses intérêts les questions politiques qui la concernent. Mobile et impressionnable, arrivée trop promptement à se gouverner elle-même et pas encore assez éclairée, elle subit facilement toutes les influences. Les hommes, les choses, les événements agissent sur elle d'une façon imprévue et exagérée. Ses appréciations sont, la plupart du temps, inexactes. Elles ont souvent pour base des inimitiés, des passions irréfléchies, et quelquefois des haines violentes.

Cet état de l'esprit public provient de différentes causes. Les principales sont : le passé historique de la France, les effets qui en sont résultés sur le caractère national, l'éducation qu'on y reçoit et les influences locales. Il faut les examiner avec soin, les exposer avec clarté, pour chercher ensuite les moyens d'en faire disparaître les côtés fâcheux ou, du moins, de les atténuer le plus possible.

La France a été formée par des races très diverses. Le caractère général provenant de ces diversités de races a pu être longtemps ainsi défini : le Français était léger et discoureur, ce qui lui venait du sang celte et gaulois ; batailleur, des Barbares en général ; aimant les aventures, des Normands ; enthousiaste pour les grandes causes de l'humanité, des Francs et des sentiments inculqués par les rois qui ont fait son histoire ; généreux à l'excès, des idées vraiment chrétiennes qui l'ont pénétré grâce à ses prêtres et à ses martyrs ; et, enfin, honnête, laborieux et économe par suite de l'air qu'il respire, de la fertilité de son sol et de la douceur de son climat. La nation française a toujours eu l'amour de l'idéal et, en même temps, de la clarté et de la précision. Cependant elle ne peut s'habituer à l'étude des détails, ce qui est la cause d'une grande infériorité dans l'ensemble de son organisme.

Depuis près d'un siècle, des atteintes successives sont venues modifier presque entièrement les qualités qui étaient inhérentes au caractère français. En parcourant l'histoire, nous verrons quand et comment ces changements ont eu lieu, et pourquoi l'on est amené à constater les tendances fâcheuses que nous avons indiquées en commençant.

I

Après les invasions des Barbares, la féodalité s'est peu à peu organisée. Elle a pris possession du sol, et les vaincus ont été astreints à le cultiver au profit des vainqueurs. L'Église seule a, quelquefois, protégé les faibles ; mais, trop souvent, ses représentants ont abusé de leur autorité morale au profit de leurs intérêts matériels. La grande masse des habitants a été, longtemps, sacrifiée à quelques familles privilégiées. Celles-ci se disputaient les territoires, ce qui donnait lieu à des guerres générales ou locales qui ravageaient le pays et mettaient les populations à la merci de chefs militaires ou de bande d'aventuriers : c'est l'époque la plus sombre de notre histoire.

Puis, nous voyons les rois s'efforçant de grandir leur puissance, et, pour cela, toujours préoccupés de fonder l'unité nationale. Ils s'appuient sur le peuple pour détruire la féodalité qui la rendait impossible. Ils émancipent les communes, qui marchent avec eux contre les grands feudataires. Malheureusement, cette entente, qui eût si utilement contribué à la constitution pratique et à l'organisation du pays, ainsi qu'au développement de ses mœurs politiques, n'a jamais pu s'établir d'une façon régulière et suivie.

Après les règnes de Henri IV, de Louis XIII et le commencement de celui de Louis XIV, il n'est plus rien resté de la féodalité. Elle a été remplacée par une aristocratie très puissante qui tirait toute sa force des faveurs royales. Les rois ne s'étaient pas appuyés seulement sur les communes, ils s'étaient aussi servis de l'autorité des Parlements, dont ils avaient augmenté les attributions pour combattre les vassaux et les grands seigneurs. De la force donnée aux communes et de l'autorité conquise par les Parlements était sortie, à côté de l'aristocratie, une haute bourgeoisie qui, si elle avait su conserver un esprit indépendant, aurait pu servir de contrepoids à la puissance royale devenue trop prépondérante. Louis XIV, en prenant en main la conduite des affaires de son royaume, mit d'un seul coup fin à toutes ces prétentions. Il ne subsista plus du passé, en face de son pouvoir devenu absolu, que des privilèges seigneuriaux, quelquefois attachés à la possession de certaines terres dont on pouvait acheter les titres, ou à des fonctions qu'on obtenait au besoin à prix d'argent. Par suite de ces facilités, la haute bourgeoisie se fondit peu à peu dans l'ancienne aristocratie.

La situation du peuple continuait à être mauvaise. C'est lui qui portait le poids de tout le travail national sans en avoir les avantages. A peine si sa vie matérielle était assurée. Cependant, dans certaines provinces, celle de Normandie, par exemple, il y avait des paysans qui étaient devenus de véritables propriétaires et en avaient tous les droits. Ils n'étaient soumis à aucune obligation de vasselage, à aucune redevance seigneuriale, et ne subissaient au-dessus d'eux aucune immixtion que celle de la volonté royale. Cette situation tendait à se développer dans la France entière au profit des possesseurs du sol. Dans les Flandres, dès l'origine des communes, certains commerçants se trouvèrent également à l'abri des privilèges onéreux. Ils jouissaient de tous les droits personnels. Peu à peu ces avantages s'étaient étendus à d'autres provinces. De là naquit une nouvelle bourgeoisie plus modeste, prenant sa force dans le travail et l'étude, qui grandit peu à peu, protégée par le pouvoir royal. La couronne s'efforçait ainsi de s'attacher directement les populations laborieuses en supprimant toutes les influences intermédiaires.

Les améliorations qui se sont produites depuis 1789 existaient donc en germe à ce moment. L'esprit philosophique humanitaire était passé des écrits dans les mœurs et dans les actes publics. Louis XVI avait entrepris la suppression des abus et l'établissement d'une justice équitable pour tous. Dès 1754, Turgot voulait pour les protestants l'égalité civile. Malesherbes parlait dans le même sens. On sait que l'édit de tolérance fut signé par Louis XVI le 17 novembre 1787. Ce n'était pas encore l'égalité, mais c'en étaient les préludes.

L'exclusivisme des maîtrises avait été atténué par Turgot, de façon à préparer la liberté du travail. Ces idées commençaient à prendre de sérieux développements.

Louis XV, à la fin de son règne, ayant frappé le Parlement de Paris, à la suite de discussions inutiles à rappeler, rendit ses membres populaires et donna ainsi au mouvement libéral, créé par les écrivains du dix-huitième siècle, des adhérents sortis de ce corps et par cela même puissants sur l'opinion. Louis XVI les ayant rétablis dans leur situation, le triomphe de la bourgeoisie devint alors possible. Elle se trouva avoir en main les destinées du pays. Le peuple marchait avec elle, et il était encore contenu par la force de l'organisation sociale, par son respect et son attachement pour la monarchie, et par sa confiance dans les Parlements.

La bourgeoisie avait donc pour elle à la fois l'intelligence, l'aptitude aux affaires et le nombre. Mais elle échoua dans l'œuvre réparatrice qu'il lui appartenait de faire triompher, parce qu'elle rechercha, encore une fois, de prendre place dans l'aristocratie, et parce que, au lieu de se mettre avec le peuple, de se faire peuple, pour le modérer et l'élever peu à peu à participer au gouvernement avec elle, elle voulut s'en servir et l'asservir à son profit.

Le peuple, que la couronne n'avait pas su protéger suffisamment, que l'aristocratie avait beaucoup trop pressuré et que la bourgeoisie venait de tromper dans ses espérances, se laissa entraîner par des agitateurs. La passion l'emporta, et le désordre en fut la conséquence.

Depuis lors, la bourgeoisie, bien loin de pouvoir

diriger les courants populaires, s'est vue le plus souvent forcée de les suivre.

L'Assemblée nationale et la Convention eurent le tort de faire l'application de réformes reconnues inévitables, sans les transitions et sans les préparations qui étaient nécessaires. Elles voulurent paraître faire du nouveau, détruisirent les bases qui auraient dû servir de fondements réguliers à ces améliorations. Les traditions furent brutalement rompues. On recréa tout d'une pièce et l'on anéantit d'un seul coup ce que l'expérience et le savoir avaient successivement ajouté, en les améliorant, aux coutumes, aux usages, aux habitudes du pays. Cette œuvre de tant de siècles, qui s'était développée avec la nation elle-même, en tenant compte à la fois de son caractère et des événements, sombra en entier, et il fallut refaire un pays nouveau. De là sortit un état de choses où les traditions firent complètement défaut. L'état social fut violemment bouleversé, les fortunes détruites, la propriété confisquée. Le sang le plus généreux coula à flots, et les passions et les haines furent déchaînées.

En 1792 est proclamée la constitution civile du clergé, bientôt après la suppression de toute hiérarchie religieuse, et enfin du culte lui-même. L'Académie française est dissoute par une loi du 8 août

1793, ainsi que toutes les Sociétés savantes. Le 15 septembre 1793, la Convention prononça la fermeture de tous les collèges et Universités de France, et ordonna la vente de leurs biens, sous quelque dénomination qu'ils fussent connus. L'instruction publique fut donc à ce moment entièrement supprimée, ou à peu près [1].

Les anciennes corporations étaient organisées exclusivement en vue des patrons; il eût fallu y ajouter successivement des articles favorables aux ouvriers et arriver à reconnaître leurs droits en maintenant l'obligation de leurs devoirs. Ainsi eût pu être évitée la grande difficulté sociale moderne. On a d'un seul coup placé trop haut les droits des ouvriers et négligé quelque peu d'assurer l'exécution de leurs devoirs. Des syndicats ont été créés en leur faveur. Le danger des grèves sans base et sans expérience acquise a surgi. Le contrôle et la direction de leurs intérêts sont devenus très difficiles à établir. La passion s'en est mêlée, et la conciliation avec les patrons est désormais presque impossible à orga-

---

[1] 19 Universités, dont quelques-unes, comme celle de Paris, remontaient au XIIIᵉ siècle, disparurent, et avec elles 562 collèges, qui réunissaient, en 1779, 72,747 élèves, sur une population de 24,000,000 d'habitants. Ce nombre est supérieur à celui des élèves qui fréquentaient les 485 lycées, collèges communaux et séminaires existant en 1840.

niser, les prétentions des ouvriers étant devenues excessives.

En 1793 disparut également le système des assurances qui avait commencé à être mis en pratique sur l'initiative des frères Perrier. Ce ne fut que bien des années après qu'il put fonctionner de nouveau.

Tout progrès se trouva suspendu.

Mieux eût valu continuer les réformes commencées par Louis XVI. Elles auraient amélioré, en les conservant, les traditions et les usages inhérents à l'esprit français, au lieu de détruire et de jeter toutes choses dans une confusion dont on n'est pas sorti depuis.

1789 et ses suites, en bouleversant l'organisation sociale, et 1793, en y apportant tant de destructions, ont été cause que le pays n'a pu retrouver l'équilibre gouvernemental et social. Au sentiment général d'union ont succédé des inimitiés qui ont entièrement faussé le caractère national.

La situation se trouva ainsi préparée pour la dictature. Napoléon, qui s'en empara, ne fit que mettre à exécution, à son profit, les aspirations et les désirs du plus grand nombre, fatigué du désordre. De la suppression de toutes les castes privilégiées et du courant égalitaire était sortie la nécessité d'une forte action personnelle au sommet du gouvernement. Les rois n'avaient-ils pas habitué la nation à les voir à sa tête entourés du prestige que donnent l'autorité et l'affection ? Napoléon put un instant contenir les mouvements populaires et gagner les cœurs en détournant les esprits vers la passion de la gloire.

Depuis la Révolution et depuis Napoléon Ier, on a fait fausse route en essayant de faire vivre en France le système prétendu libéral qu'on appelle parlementaire. Après des siècles d'un régime monarchique absolu, suivi de la tyrannie jacobine et de l'excès du pouvoir impérial, il était imprudent de penser que la France fût aussi promptement capable de se gouverner elle-même. La force des choses, la situation de l'esprit public et les divisions intestines causées par des changements accumulés ont toujours conduit ces sortes de gouvernement à tomber sous le choc populaire, par la faiblesse même de leur nature et de leurs origines.

Tout en admettant la nécessité de la représentation du pays, il faut un contrepoids à l'influence de cette démocratie, d'autant plus agitée qu'elle a moins d'expérience et qu'elle se croit sans cesse menacée. Il ne peut être que dans l'autorité donnée au chef de l'État. Le régime parlementaire pur est possible dans un pays possédant un gouvernement dont le principe est indiscutable et où les droits de celui qui est à sa tête se transmettent sans difficulté. Du moment où ils sont contestés ou même discutés, et qu'il y a quelques hésitations à assurer la transmission du pouvoir, ce système n'a plus sa base essentielle. Cela est encore plus évident si l'on se trouve en présence de trois principes de gouvernement ayant pour eux des fractions importantes du pays qui les soutiennent avec énergie.

Aujourd'hui, le gouvernement de la France est républicain et parlementaire, et le pays démocratique. La division excessive des partis rend impossible le fonctionnement régulier de ce gouvernement. Il en résulte la désorganisation successive de tous les ressorts administratifs. La démocratie est très coûteuse, chacun croyant avoir le droit de prendre sa part du budget général, et les ministres sont obligés de satisfaire à ce désir sous peine d'être renversés. La conséquence en est la ruine financière du pays et le désordre de l'administration. Les changements de personnes étant, en outre, continuels, les hommes qui passent au pouvoir n'ont pas le temps d'y acquérir l'expérience et la connaissance des affaires. Le gouvernement est forcément inintelligent dans ses actes, et il expose sans cesse la nation à des erreurs.

En même temps se présente un danger d'une autre

nature, mais très grave. Malgré les révolutions, la nation a contracté l'habitude de ne voir qu'une seule autorité, qu'un seul pouvoir, qu'un seul homme, celui, quel qu'il soit, qui se trouve devenir populaire. Cette disposition, qui date de loin, est encore très vivace. L'histoire de la France n'est-elle pas une preuve évidente que son esprit tend toujours à s'incarner dans un homme qu'elle croit deviner et qu'elle suit alors aveuglément ? Ce sont des chefs ou des rois dans lesquels elle se personnifie. Les croisades avec Godefroy de Bouillon, Pierre l'Hermite et saint Bernard ; la féodalité avec saint Louis ; la délivrance de l'étranger avec Jeanne d'Arc ; le pouvoir royal et ses diverses phases avec Louis XI, Henri IV, Richelieu, Louis XIV. L'histoire de France se résume toujours en un homme, et telle est la force de cette tendance qu'on arrive chez nous à représenter ce qu'on appelle le grand siècle par celui qu'on nomme le grand Roi. Et cependant un siècle ne peut former une unité morale, politique ou intellectuelle. Le siècle sert à compter le temps, mais il ne constitue pas une étape précise dans la marche d'une nation.

La Terreur révolutionnaire, elle-même, s'est incarnée dans un homme : Robespierre. Pendant la dernière guerre nous avons vu Gambetta devenir le représentant exclusif de la Défense nationale, et puis

M. Thiers, son adversaire d'alors, n'a-t-il pas été à lui seul, pour le peuple, le pacificateur, le libérateur du territoire, comme si, dans la rançon effroyable qu'il a fallu payer, la nation n'était pour rien ?

Cette nation, si mal faite pour la politique [1], se donne sans réflexion et presque aveuglément. Nous voyons, en ce moment, un exemple frappant de cette triste prédisposition nationale. On perd de vue l'intérêt public pour s'occuper d'un homme qui n'a rendu aucun service signalé et auquel il a plu simplement de se mettre audacieusement en avant en exposant, sans réflexion, le pays aux plus grands dangers.

L'état où nous nous trouvons est semblable à celui qui s'est produit après 1848. On éprouve la même fatigue du régime parlementaire et le même besoin de changement. On veut une direction plus ferme, se traduisant par une action plus personnelle. A cette époque, le nom de Napoléon, jeté dans la balance, peut suffire à faire comprendre l'entraînement dont il fut l'objet. Aujourd'hui, la personnalité qui est en jeu surprend, si l'on ne réfléchit pas aux fautes qui ont été commises. Ce n'est pas l'homme, c'est l'idée qui séduit. Le gouvernement a perdu son autorité en s'annihilant devant les Chambres. L'homme a su, du

---

[1] Henri Fonfrède a écrit quelque part: « Le Français est spirituel, mais en politique il n'est pas intelligent. »

reste, se mettre en évidence à l'aide d'une réclame très habilement conduite, et la réclame, à notre époque, mène malheureusement à tout. Ce qui se passe en est une preuve évidente.

II

Ces circonstances rendent la situation actuelle très inquiétante. Comment y porter remède ? Nous avons vu la royauté, après avoir absorbé toutes les forces nationales, renversée par la Révolution qui fait table rase d'un passé où il y avait tant à conserver, et qui, soulevant par ses actes les passions et les inimitiés les plus vives, détruit le sentiment général d'entente. Le besoin d'autorité donne naissance à la dictature, et, enfin, sur un édifice qui s'écroule de toutes parts, des théoriciens politiques veulent fonder le régime parlementaire.

Les esprits studieux et sans parti pris ne nous désavoueront pas lorsque nous dirons qu'après cent ans de troubles nous sommes moins avancés, au point de vue des saines idées libérales, que nous ne

le serions s'il n'y avait pas eu de révolutions, et
que les réformes eussent été poursuivies progres-
sivement et sans violences, comme cela aurait dû
être. Au lieu de nous trouver en présence de destructions, de préventions et de haines qui pro-
viennent de ce qu'il semble y avoir eu successivement en France, depuis un siècle, des vainqueurs
et des vaincus, nous verrions le pays tout entier,
ayant conservé les forces acquises pendant des siècles,
travailler à l'amélioration, au progrès et au bien-être
de tous ses enfants, dans une pensée commune
d'union. Pourrait-on revenir à cet état de choses ?
Cela nous paraît impossible. On ne peut plus refaire
un état social autre que celui qui existe, c'est-à-dire
égalitaire et démocratique, ayant pour base en politique le suffrage universel et rendant par conséquent
impraticable le régime parlementaire dans le sens
qu'on a attaché à ce système. Un fleuve ne remonte
pas vers sa source. Un peuple ne peut revenir à un
passé détruit. Il faut donc accepter la situation qui à
été faite et l'œuvre nationale où elle en est. Mais il
faut rechercher les moyens de la faire vivre, de la
fortifier et de lui assurer un avenir. On ne peut
réédifier le passé ; on doit même s'efforcer d'en oublier
les circonstances douloureuses pour rétablir le calme
dans les esprits et dans les cœurs, et pour parvenir

à faire disparaître les souvenirs irritants et les appré-
hensions pénibles.

L'éducation pourrait être la base de ce travail
national ; mais sur ce point, comme sur tant d'autres,
on s'est trompé.

Telle qu'elle a été organisée depuis quelques
années par des esprits étroits et passionnés, elle
tend à créer un niveau de connaissances égal pour
tous. Il semble qu'on craigne les natures exception-
nelles et qu'on fasse le possible pour les annihiler. On
porte ainsi atteinte à la liberté de l'esprit. Les pro-
grammes d'examens qu'on a exagérés à plaisir sup-
priment l'initiative et conduisent à l'abaissement
intellectuel de la nation. On ne peut continuer sans
danger ces procédés scolaires. On doit laisser aux
esprits et aux intelligences le droit de se former à
leur guise et suivant leurs personnalités. C'est là, il
faut le reconnaître, la grande supériorité de l'enseignement libre. L'État ne peut mieux faire que de
l'imiter. Le pays y gagnera la variété dans les caractères, dans la nature des hommes, qui seront plus
aptes à le servir suivant les cas et les circonstances.
Les particularités, en apparence dissemblables, con-
tribuent à former la vraie grande unité du savoir
humain, varié dans ses aperçus, dans ses procédés,
mais un et complet dans la résultante de toutes les

2

facultés développées et de tous les détails des connaissances acquises.

Nous ne répéterons pas ici ce que nous avons dit ailleurs sur l'exclusion de l'enseignement religieux dans les collèges : il y a là une erreur capitale. En voulant atteindre la religion, on détruit la morale et les principes mêmes de la défense sociale. De la part de gens chargés de diriger un pays, cela prouve une ignorance complète des principes de gouvernement. On ne peut éviter que, pendant l'enfance et la jeunesse, la morale et la religion soient confondues dans la même pensée. Supprimer l'une, c'est détruire l'autre.

Les mêmes dangers se retrouvent chez des écrivains de toutes sortes, qui devraient se considérer comme investis d'un mandat sacré, celui de ne pas fausser l'esprit public et de ne pas détruire les principes moraux. C'est, hélas! pour certains d'entre eux, le contraire qui a lieu. Écrire est devenu pour plusieurs une industrie, et les journaux, en particulier, ont en cela une responsabilité que les facilités qu'on leur laisse rendent bien grave. Recherchant le succès d'argent, ils ne servent plus, comme cela devrait être, à instruire et à moraliser; ils produisent l'effet contraire. L'étude et l'instruction ne sont pas nécessaires pour y réussir; il suffit de l'à-propos du moment, même vulgaire, et de la recherche du scandale. Aussi se fait-on facilement journaliste et même littérateur. Et cependant il n'y a rien de commun entre ceux-ci et les hommes qui jadis tenaient la plume et exerçaient une si grande autorité sur l'opinion. Le mal est considérable ; il corrompt l'esprit et le cœur.

Cependant ce sont des exceptions, et nous n'avons pas besoin de signaler ceux dont les travaux méritent d'autant plus l'estime publique que la lutte à soutenir est plus difficile et plus désintéressée.

Le livre est moins accessible et moins attrayant que le journal et le théâtre, par cela même moins dangereux, sauf les livres d'éducation qui donnent à l'enfance et à la jeunesse les premiers éléments des idées qui germeront pendant si longtemps dans les esprits. C'est à cet âge, si peu armé pour se défendre contre les mauvaises influences, que le choix des ouvrages est de la plus grande importance.

Au point de départ de la vie, l'influence de la famille devrait être prépondérante. Les femmes, les mères manquent bien souvent à leurs devoirs patriotiques, en ne s'occupant pas assez de former des enfants dignes du pays. Si elles le voulaient, les idées saines seraient plus fortes. En Espagne, ce sont les femmes qui ont le plus contribué à relever la nation dans les moments difficiles. Jamais elles n'ont désespéré ; elles ont poursuivi avec ardeur un but : le salut national. Même au milieu d'erreurs inévitables, leurs intentions sont restées grandes ; elles ont su avoir de l'énergie et de la persévérance. En somme, ce pays leur doit beaucoup de la situation favorable où il se trouve aujourd'hui.

Aux États-Unis, l'influence des femmes a été considérable. Que les Françaises y réfléchissent.

Channing leur a tracé dans ses écrits leurs devoirs de mères de famille au point de vue des sentiments à inculquer à leurs enfants, et leur a montré l'action élevée qu'elles peuvent avoir sur les hommes.

La décadence d'Athènes et de Rome a commencé du jour où la femme n'a plus eu dans la famille le rôle qui doit lui appartenir. Ce rôle consiste à prendre part à tous les événements du foyer domestique et à suivre attentivement ce qui se passe au dehors, afin d'être un appui, un conseil et souvent une direction pour le mari et les enfants.

En France, l'éducation politique est également mal conduite. Nous ne pouvons prétendre à voir, dans notre société démocratique, les aspirants à la vie publique s'y préparer dès leur jeunesse et presque dès l'enfance, comme cela a lieu dans d'autres pays. Nous devons même chercher à éviter de donner trop d'influence à ces réunions qu'on a si justement nommées des *parlottes*, où l'on soutient le pour et le contre par simple exercice de parole. Cela fausse l'esprit et l'intelligence. On s'habitue ainsi à se préoccuper exclusivement du succès momentané, sans songer à ce qu'apporteront ensuite de contraire les événements et les circonstances. Il vaut mieux arriver tout droit à la participation des affaires politiques, de quelque côté qu'on y vienne, tel que la vie écoulée et les occupations qu'on a suivies vous ont formé, que de procéder de ces petits cénacles, où tout est examiné sous un point de vue étroit, qui apprennent, il est vrai, à parler, mais qui faussent le caractère et, on pourrait même dire, le tempérament. On en sort ne connaissant pas les affaires, et n'étant pas un homme d'action, mais étant un homme prêt à discourir sur tout, au hasard. Il serait bien préférable de voir entrer dans la vie publique des industriels, des commerçants, des propriétaires auxquels la seule gestion de leurs affaires donne l'habitude du travail pratique, l'exactitude des engagements à remplir et la netteté des résolutions à prendre avec sagesse et décision.

La manière dont on parvient, sous le régime actuel, à être ministre, c'est-à-dire à conduire le pays, ne donne aucune garantie pour que ces fonctions soient remplies dans l'intérêt général. On ne prend pour ministres que des membres des deux Chambres inféodés à des coteries politiques, et, pour la plupart, comment entrent-ils au Parlement? Leur succès est dû à un travail persévérant et local d'influences secondaires agissant sur les uns et les autres par tous les moyens. Tantôt c'est grâce à leur faconde oratoire et aux bavardages de places publiques; tantôt plus modestement par la continuité de services rendus à chaque électeur en particulier, enfin par une foule de petits procédés. Quelques-uns doivent leur situation à ce qu'ils ont été des médecins ou des avocats soignant ou défendant leurs clients à très peu de frais ou même pour rien. Cela est certainement très honorable, mais qui pourra soutenir que c'est une bonne préparation pour la connaissance des affaires du pays? Arrivés aux Chambres, s'ils ont quelque don de parole, ils y deviennent facilement, vu l'absence d'hommes compétents, présidents de commissions et de groupes, et de là à un portefeuille il n'y a qu'un pas.

Ici commence le grand danger pour la chose publique, car ils ne savent rien des devoirs qu'ils ont à remplir. Encore, s'ils s'entouraient d'hommes ayant de l'expérience; mais ils prennent auprès d'eux leurs fils, leurs cousins, leurs parents ou les amis de leur famille, qui en savent encore moins qu'eux-mêmes, et, tous ensemble, ils désorganisent les services et

éloignent les gens capables en les appelant bureau-
crates.

Croyant pouvoir s'en passer, ils veulent, pour leur
dignité ou pour satisfaire leur vanité, paraître n'avoir
besoin des conseils de personne. L'État, le pays, le
gouvernement pâtissent de leurs erreurs, de leur
ignorance et de leur présomption. Ainsi s'expliquent
toutes les fautes, grandes et petites, commises depuis huit ans.

Leur préoccupation principale est de fortifier leur
situation parlementaire et leur influence départe-
mentale. Les affaires de l'État ne viennent qu'au second rang. Quelques-uns avouent même naïvement
qu'ils ne connaissent pas les questions générales,
celles qui concernent le pays tout entier; mais ils
sont très au courant de celles du Parlement et de leur
province.

Si un hasard heureux fait que l'un d'entre eux
soit pris hors des Chambres, ce qui lui assure par
cela même une compétence plus réelle, il subit im-
médiatement la contagion parlementaire. Il cherche
à y entrer coûte que coûte, détruisant ainsi lui-même
les avantages d'une situation privilégiée.

Généralement, les ministres mettent toute leur
habileté à empêcher le plus capable d'entre eux de
s'élever au-dessus des autres, alors qu'ils devraient,

au contraire, aider à créer cette suprématie et s'efforcer de la rendre incontestée. Mais les démocraties sont d'essence même hostiles aux supériorités. Elles rendent ainsi presque impossible la constitution d'un bon gouvernement.

Les administrations publiques sont tombées dans un discrédit complet. Les préfets sont isolés dans leurs demeures officielles, et les magistrats ne jouissent plus de l'autorité et de la considération qui leur seraient si nécessaires. La police a été si complètement désorganisée que la plupart des crimes restent impunis. C'est au point que M. Clovis Hugues écrit dans le *Petit Marseillais* : « Il n'est pas besoin d'aller « chercher midi à quatorze heures, le mal vient de « nous, députés. On ne retrouve plus les assassins, « parce que nous avons désorganisé la police, comme « nous avons, du reste, à peu près désorganisé toute « administration. »

L'homme qui s'efforce de réagir contre ces tendances et qui cherche à éclairer les membres du gouvernement a bien peu de chances d'être écouté et d'obtenir la justice qui lui serait due. Cependant, c'est celui-là qui pourrait rendre de vrais services à son pays en l'habituant à comprendre le sens des choses pratiques.

N'appartenir à aucune coterie, ne se signaler à la

foule par aucune exagération, ne flatter aucun pouvoir public, ôte toute possibilité d'arriver aux fonctions gouvernementales, tandis que ceux qui se prêtent à ces combinaisons, même après des échecs
répétés, très nuisibles à l'État, peuvent toujours
espérer de voir la faveur leur revenir.

En temps de suffrage universel, surtout, le jugement de la foule et des Parlements est facilement
perverti. Le chef de l'État devrait se préoccuper de
corriger ces erreurs en allant au-devant des hommes
d'expérience, en les appelant dans les conseils du
gouvernement, sans attendre que les Chambres les
y portent, puisque celles-ci ne le feront pas. Nous
nous trouvons donc ramenés à l'obligation de diminuer l'action excessive du pouvoir parlementaire sur
le gouvernement, et de faire que le président de la
République soit investi d'une plus grande autorité.
Sans cela la décomposition des partis et du pays est
inévitable.

III

On a vu qu'il serait nécessaire d'organiser l'instruction publique et l'éducation politique sur d'autres bases.

Sans rechercher l'impossible, on pourrait, à l'aide d'une éducation plus large, plus libre, plus morale et plus religieuse à la fois, parvenir à donner aux caractères plus de force et de sagesse, et aux esprits plus de variété dans les aptitudes. Ils apporteraient à l'œuvre générale le résultat de réflexions, de travaux, d'études utiles au bon fonctionnement du gouvernement.

On devrait aussi favoriser l'arrivée aux affaires publiques des hommes d'expérience : nous voudrions pouvoir dire, des hommes de tradition, c'est-à-dire de ceux qui ont pris part aux détails de l'administration. Mais au moins que l'on s'adresse aux hommes que la direction de leurs propres affaires a habitués à traiter les choses par leur côté pratique.

Refaire une tradition serait certainement une œuvre belle et bonne; mais elle est malheureusement impossible. Tout en se servant du passé comme d'une base d'expériences acquises, on se trouve obligé d'accepter l'état actuel des choses pour arriver à une reconstitution générale. Avec des éléments aussi incohérents et aussi dissemblables, il faut se contenter de faire le mieux possible. Ce serait bien le cas de procéder comme Descartes et de ne plus considérer que la *table rase,* comme étant le résultat forcé des événements; d'oublier que notre patrie est vieille et de ne plus voir en elle qu'un pays nouveau à constituer et à organiser; de prendre, dès lors, pour modèles les États nouvellement venus à la vie sociale et politique.

Mais la France est entourée de puissants voisins dont le système gouvernemental diffère entièrement du sien et dont l'organisation menace sa sécurité. Nous devons tenir compte de cette situation géographique. La centralisation, qui a été maintenue chez nous sous tous les régimes, est une de nos grandes forces à ce point de vue. Il suffit d'y rester fidèle et de mettre cette force entre les mains d'un chef. Il sera élu, mais il devra avoir une autorité incontestée pendant la durée de son mandat.

L'exemple des États-Unis d'Amérique est à imiter. On connaît la Constitution qui les régit. Elle a pour principe fondamental une forte autorité au sommet

et une grande pratique de la liberté pour tout le reste.
Ce sont les deux points qui nous font le plus défaut.
Elle se résume : dans un président élu à deux degrés
qui choisit ses ministres à sa volonté (ceux-ci ne pa-
raissant pas dans les Chambres), qui commande en
chef toutes les forces du pays ; dans une représentation peu nombreuse, composée d'un Congrès et d'un
Sénat, et dans l'organisation d'une puissance judiciaire faisant contrepoids à l'exécutif et au législatif,
les modérant au besoin l'un et l'autre.

En dehors de cette Constitution et d'une organisation administrative bien établie, il y a aussi les
mœurs sociales et politiques qui dépendent de l'éducation privée et publique que reçoit la nation ; et par
éducation, nous n'entendons pas seulement celle qui se
donne dans les collèges, universités ou facultés, mais
encore et surtout celle qui provient des mœurs, des
usages, des habitudes, des écrits de toutes sortes.

La France, dira-t-on, est et doit être, pour assurer
sa sécurité extérieure, comme nous venons de le
montrer, un pays de centralisation, tandis que les
États-Unis sont composés de nombreux États s'ad-
ministrant localement à leur gré. Nous ne voyons pas
dans cette différence d'organisation un obstacle in-
surmontable à rapprocher les Constitutions des deux
pays. Dans les temps difficiles, en effet, la guerre de

la sécession par exemple, la centralisation des pouvoirs et de l'autorité s'est faite entre les mains du président des États-Unis, sans qu'il y ait eu pour cela aucun obstacle. Admettons que ce fait, passager en Amérique, soit continuel en France, la difficulté se trouvera résolue.

Cherchons aussi à organiser un pouvoir judiciaire qui, comme aux États-Unis, puisse servir de base à la consolidation des pouvoirs publics. Il est temps de remonter la pente fâcheuse qu'on a suivie depuis quelques années et qui a eu pour résultat d'enlever à la magistrature française sa dignité et son autorité. La démocratie et la forme républicaine rendent plus que jamais nécessaire un corps judiciaire très haut placé dans l'État.

Il y aurait donc lieu de reviser la Constitution actuelle dans le sens de la Constitution américaine en l'adaptant aux nécessités particulières du pays. Celle qui nous régit a été faite en prévision d'un ordre de choses différent de celui qui existe, en vue de possibilités monarchistes et à une époque où, sortant de l'Empire, on ne pensait qu'à réagir contre ses procédés autoritaires. On s'est jeté dans l'excès contraire.

On doit, désormais, éviter toute passion préconçue et constituer un système gouvernemental pratique.

Cette œuvre est aisée. Il n'y a aucune raison sérieuse de changer le mode d'électorat actuellement en vigueur pour la Chambre des députés, pour le Sénat, et même pour la présidence de la République.

Mais il est nécessaire de fortifier l'autorité du chef de l'État en lui donnant le droit de choisir personnellement les membres de son gouvernement qui ne devront pas assister aux séances des Chambres. Les décisions qu'elles prendront seront exécutées, sans que cela puisse entraîner la démission des ministres. Dès lors, la durée de leurs fonctions leur permettra d'acquérir de l'expérience, et ils auront le temps de l'appliquer aux affaires. Leur indépendance sera plus effective, et leur liberté d'esprit plus réelle.

Nous croyons, en effet, que l'élection du président de la République ne doit pas être faite par le suffrage universel. Ce mode de procéder donnerait au chef de l'État une trop grande force vis-à-vis de la représentation nationale. Les Chambres, en le nommant, mais en laissant les ministres sous son action directe et en dehors d'elles, perdront l'influence abusive qu'elles ont aujourd'hui, tout en conservant un contrôle sérieux sur le président lui-même. Dès lors, la pondération des forces politiques du pays sera mieux assurée[1].

[1] Nous admettrions volontiers, comme nous l'avons proposé

Il faut, cependant, prévoir le cas où le Parlement, en lutte avec le gouvernement, refuserait de voter le budget. On obvierait à cette difficulté en se donnant le temps de pouvoir consulter le pays au moment jugé opportun, et, pour cela, un article ajouté à la Constitution autoriserait la continuité du budget précédemment voté pendant une ou deux années consécutives.

Il ne suffit pas de modifier la Constitution. Les partis doivent également se transformer si l'on veut créer œuvre durable. Aujourd'hui ils sont classés sous les noms de républicains et de conservateurs.

Aucun de ces deux grands partis ne veut faire de concessions à l'autre. Ils se cantonnent dans un exclusivisme absolu. L'un poursuit ce qu'il appelle la concentration républicaine, et l'autre l'unité conservatrice. Ces solutions sont irréalisables, parce qu'il y a dans chacun de ces partis des fractions extrêmes qui sont aussi éloignées de la concentration que de l'unité rêvées. Il eût été facile de rapprocher ces fractions elles-mêmes qui auraient constitué le grand parti modéré, ce qui eût été le salut du pays. L'obstacle est venu de l'étiquette que chacun s'est donnée

ailleurs, qu'un délégué de chaque conseil général participât, avec les membres des Chambres, à l'élection du Président de la République.

sous les noms de République, Monarchie, Empire. Comme toujours, la forme l'a emporté sur le fond, au détriment des intérêts vitaux de la nation. Quoi qu'on puisse dire, quoi qu'on veuille faire pour abriter cette conduite sous les termes de dévouement et de fidélité, il y a eu là un grand sentiment d'égoïsme et un manque complet de patriotisme. Il est, du reste, inutile d'insister. Ces combinaisons sont, désormais, trop tardives. Le temps a marché rapidement. Le pays attend autre chose.

Tandis qu'en Angleterre, et la preuve nous en est donnée en ce moment d'une façon frappante, les gouvernants se préoccupent sans cesse et sans parti pris d'exécuter les progrès reconnus nécessaires, et suivent en cela les courants de l'opinion publique, en France, au contraire, où tout est si mobile, les hommes, aussitôt qu'ils sont parvenus au pouvoir, et ceux qui les suivent, perdent la clarté des aperceptions lointaines. Pour peu qu'ils participent aux bienfaits du gouvernement, tout est bien. De là des dissemblances qui surgissent rapidement entre eux et le pays. Aujourd'hui les opportunistes jouent le même jeu que les satisfaits à la fin du règne de Louis-Philippe. Rien ne doit être changé, pas de réformes. Ils se réveilleront comme les ministres du Roi, ils seront renversés par un brusque mouvement de l'opi-

nion publique qu'ils n'auront pas su deviner alors
qu'il eût été encore possible de la diriger.

Les élections qui viennent d'avoir lieu dans
diverses parties du pays prouvent clairement qu'on
ne veut plus de ce qui est, et que les tendances se
portent vers le principe d'autorité. Cela n'est pas
fait pour surprendre. Les Chambres, par leurs incer-
titudes, leurs divisions, n'ont rien produit de stable;
elles n'ont servi qu'à affaiblir tous les ressorts gou-
vernementaux et administratifs. On a voulu écarter
l'armée de l'influence qui doit lui appartenir légiti-
mement chez une nation d'essence militaire et qui
est forcée de l'être pour assurer son indépendance.

Aux États-Unis, chaque fois que les circonstances
l'ont indiqué, le pays n'a pas hésité à appeler un
général à la présidence. En France, le général Ca-
vaignac et le maréchal de Mac Mahon ont rempli ces
hautes fonctions, et ils ont su en descendre sans
difficulté et avec une grande dignité. Qu'on ne nous
oppose pas le prince Louis-Napoléon; il n'était pas
général. Quant à Napoléon Ier, les républicains n'ont
pas à redouter son semblable. L'ostracisme appliqué
à l'armée par une certaine école de politiques
modernes n'a servi qu'à faire naître dans les masses
un sentiment contraire. La nation a réagi et elle se

laisse, en ce moment, entraîner sur les pas d'un général qui est un indiscipliné.

Comment arrêter ce mouvement? Il présente un danger pour l'armée elle-même, parce qu'il lui donne un très fâcheux exemple de succès non mérité; pour nos relations avec l'étranger, parce que le général qui en est l'objet lui est suspect; et, enfin, pour la France tout entière, parce que c'est une révolte contre les pouvoirs établis.

Si l'on veut faire face à cette situation, on peut procéder de deux façons : ou bien s'appuyer sur les partis avancés, les radicaux de toute sorte, par exemple le conseil municipal de Paris, et, par conséquent, jeter le pays dans une voie plus dangereuse que le mal à combattre; ou bien opposer au courant qui se produit un général honnête et considéré, ayant une grande autorité sur l'armée, dont il est absolument nécessaire de maintenir et d'assurer l'unité d'action.

Mais il faut se hâter. Il faut confier à ce général la plus haute dignité de l'État, en demandant à celui qui l'occupe de se sacrifier à l'intérêt public, et aux Chambres de ratifier ce sacrifice. On devra laisser au nouveau président, nous l'avons déjà indiqué, le choix des ministres qui n'assisteront pas aux séances des Chambres et par suite n'auront pas à poser les questions de cabinet.

Ainsi sera reconstituée l'autorité gouvernementale, qui fait aujourd'hui complètement défaut. Ainsi sera satisfait le désir du pays de voir un élément militaire à la tête de l'État. Ainsi l'on peut espérer de conserver l'ordre, la paix, et d'assurer la sécurité de la nation, ce qui doit être le but unique de tous les citoyens.

En somme, le pays désire un chef. Il faut s'empresser de le choisir parmi les plus méritants et le lui donner, si l'on ne veut pas commettre la faute d'avoir, encore une fois, trop attendu, et d'être en retard, de nouveau, sur l'opinion publique ; car, bientôt, si l'on n'y pourvoit pas, ce chef sera le produit des hasards du suffrage universel ou de l'émeute.

Autour de ce chef doit se former un parti vraiment national ; il existerait déjà si l'on eût su le vouloir.

A la suite du 16 mai, le pays, lassé de l'Assemblée nationale et des hésitations du maréchal de Mac Mahon, se laissa conduire par Gambetta. Celui-ci, après le succès obtenu, s'efforça de grouper autour de lui tous les hommes de bonne volonté. Il chercha à faire oublier les divisions et à former un grand parti modéré. Ce fut la cause de sa chute. Ceux qui avaient été vainqueurs avec lui s'irritèrent contre ses intentions conciliantes et vraiment patriotiques. Ils préférèrent se constituer en coterie fermée, à laquelle toutes les fonctions, toutes les situations dans l'État devaient appartenir exclusivement par droit de conquête. Eux, leurs amis, et nul autre, fut leur devise. Les hommes les mieux disposés à travailler au rapprochement des personnes furent écartés par tous les moyens. Cette façon d'agir a conduit le pays dans les embarras où nous le voyons.

Aujourd'hui, la nation, apercevant le vide dans lequel les Assemblées se traînent péniblement, les maladresses des opportunistes, l'émiettement et l'individualisme de la Chambre des députés qui ne voit rien au delà des confins du Palais-Bourbon, et les dangers du radicalisme, profite de l'occasion que lui offre le général Boulanger pour l'acclamer. Mais là difficulté sera, pour lui, de saisir le pouvoir auquel il aspire. On le suit pour renverser. Le suivra-t-on pour reconstruire? Cela est douteux. En tout cas, il serait aisé de mettre obstacle à ses espérances. Nous venons d'en indiquer les moyens. Cherchons maintenant les procédés à suivre pour pouvoir réorganiser le vrai grand parti national qui doit être le corollaire et le point d'appui de la reconstitution du gouvernement lui-même.

IV

Nous avons montré quelles étaient les qualités primitives de la nation française. Nous avons constaté que, malgré de longues luttes, la grandeur et l'unité s'étaient développées de plus en plus sous l'ation fortifiante de la monarchie, qui était entourée d'un grand prestige et du respect de tous. Nous avons vu que la Révolution est venue bouleverser cette œuvre, modifier le caractère national et altérer la puissance du pays. Depuis cette époque, les gouvernements qui se sont succédé n'ont pu éviter les chutes violentes. Les sentiments d'union en ont reçu de rudes atteintes. Il en est résulté des divisions et des fractionnements infinis. Les qualités se sont transformées en défauts. Les inimitiés sont devenues très vives.

Ce n'est ni le rang social, ni l'esprit de caste qui sont les seules causes de ces haines passionnées. L'opinion politique y joue le plus grand rôle. On est ennemi de parti à parti, comme si l'on appartenait à des pays différents. Cela est poussé si loin qu'on ne recule pas devant la perspective de catastrophes nationales, devant même l'abaissement et la chute de la France, pour avoir la satisfaction de voir disparaître, en même temps, une forme de gouvernement qu'on abhorre, des hommes qu'on déteste. Ce sentiment déplorable est aussi vivace chez les républicains vis-à-vis des monarchistes et des impérialistes que chez ceux-ci vis-à-vis des républicains, et il existe également entre les monarchistes et les impérialistes eux-mêmes.

Tel est le triste tableau, hélas! trop véridique et que personne ne peut contester, de l'état de l'esprit public et des sentiments des Français dans leurs rapports réciproques. On se cantonne dans des coteries politiques, qui se haïssent mutuellement. Il s'y joint une vanité excessive. Depuis que les supériorités ne sont plus acceptées comme étant nécessaires, mais qu'elles sont, au contraire, combattues à outrance dans l'éducation première donnée à l'enfance et à la jeunesse, et qu'elles sont écartées de la politique devenue accessible pour tous, l'ignorance et l'audace sont mises publiquement en honneur : chacun se considère comme ayant toutes les aptitudes.

La conséquence naturelle est une opposition systématique de tous ceux qui ne sont pas arrivés aux affaires, et ils sont naturellement les plus nombreux, contre ceux qui occupent les fonctions publiques. A peine un ministère vient-il de se former, qu'on s'efforce de le renverser et que tous se croient dignes de le remplacer. Ce besoin de changement continuel porte sur le gouvernement lui-même. On en conteste la forme, le principe. Tous ses efforts pour le bien public sont rendus vains. Il est sans cesse aux prises avec une opposition absolue. Quoi qu'il fasse, ses ennemis, car ce ne sont pas seulement des opposants, mais bien des ennemis, le déclarent mauvais. Ils sont heureux de ses insuccès, même sur les questions extérieures, pour lesquelles il semble que, unis dans le même sentiment national, nous devrions tous être d'accord, et, s'il y obtient quelques avantages, on les discute, on les nie.

Comment le pays ne serait-il pas affaibli par tant de divisions et d'animosités ? Ses forces s'épuisent au milieu de ces haines fratricides. Le mal est là. Si l'on ne parvient pas à y porter un prompt remède, la France marche à une fin prochaine.

Comment peut-on modifier cette situation si dangereuse ? Il faut refaire l'esprit national. Il faut faire renaître chez tous les sentiments du vrai patriotisme, et, pour cela, faire comprendre à chacun les nécessités de grands sacrifices, d'abord celui d'une partie de leurs opinions personnelles, par conséquent de leur amour-propre. Il faut, en un mot, reconstituer le sentiment d'union qui a été détruit par les terribles événements de 1793 et leurs suites. Il faut mettre fin à ces vanités sans cause qui agitent le pays du bruit de personnalités sans valeur.

Comment relever les sentiments d'union nationale? Comment faire disparaître l'esprit de coterie qui est au fond des pensées de presque tous nos hommes politiques?

Prochainement vont avoir lieu les élections générales des députés. Cette circonstance sera décisive. Les électeurs devront sortir du cercle étroit des questions locales où les candidats cherchent sans cesse à les ramener et par lesquelles ils s'efforcent toujours de gagner leur confiance. Ils devront demander que leurs futurs représentants prennent l'engagement de s'abstenir de toute entente avec les groupes qui existent aujourd'hui, et exiger qu'ils poursuivent l'organisation d'un grand parti modéré et véritablement national.

Le moyen le plus pratique de lui donner une base définitive nous paraît être la mise à exécution sévère des obligations qui résultent, pour les Français, de la défense du sol et des devoirs inhérents au service militaire sous toutes ses formes. La discipline étant semblable pour tous et étant acceptée sans difficulté par chacun, la pensée d'union, nécessaire pour assurer la cohésion de toutes les forces actives, se développera ainsi naturellement.

L'enfance, nous l'avons vu, a besoin d'indépendance pour que les qualités qui peuvent se trouver en elle obtiennent leur plein épanouissement. Il faut lui laisser son initiative, son caractère prime-sautier, et pour cela assurer toute liberté à son éducation et à ses idées religieuses et morales.

A cette époque de la vie, on ne peut pas se rendre un compte exact des devoirs envers la patrie. Mais, plus tard, les enfants, devenus des soldats, comprendront aisément qu'une forte union entre eux peut seule assurer le présent et l'avenir du pays. Cette entente dont l'objectif est difficile à saisir sur les bancs de l'école, leur deviendra bien clairement démontrée sous les armes. Cette union qu'on cherche à faire naître par les procédés scolaires, se fera plus facilement dans les camps. Aussi ne doit-on pas craindre de les y réunir souvent, le plus souvent possible, malgré les dérangements et même les lourdes charges occasionnés par des appels réitérés. Il appartient à l'État de faire les plus grands sacrifices pour obtenir le double résultat d'une forte organisation militaire et d'une union des citoyens entre eux sous l'influence du plus pur sentiment qui existe, le patriotisme. Il y va de la grandeur de la nation et même de son salut.

Cette nation aime les fêtes. En tenant compte de ce goût et en sachant lui donner une direction, on pourrait s'en servir pour aider à relever l'esprit public et pour contribuer à rétablir l'union. Il y a eu les fêtes de l'Empire au 15 août, celles de la Restauration à la Saint-Louis et celles de la monarchie de 1830 au 1er mai. Récemment, la fête nationale a été fixée au 14 juillet. Le choix n'est pas heureux. C'est le jour de la prise de la Bastille, c'est-à-dire de la révolte triomphant contre l'ordre établi. Mieux eût valu prendre une de ces dates où se produisit un courant général de conciliation et de sacrifices généreux, et qui honora tous les partis. Le pays tout entier aurait pu participer à une fête de ce genre, tandis que l'époque choisie en exclut un grand nombre de citoyens et est plutôt une cause de divisions. Il est bon de célébrer par des fêtes les grands actes de l'histoire nationale, mais au moins faut-il choisir des dates qui soient vraiment nationales.

On s'est plu à élever des statues qui sont une provocation à l'opinion sage et raisonnable du pays. Elles y sont, qu'on les laisse; mais c'est une des nombreuses erreurs commises par le parti dominant qui, au lieu de chercher à calmer les dissensions, a voulu être, comme nous l'avons déjà vu, une coterie fermée et qui a mis, en toute occasion, son zèle à blesser les sentiments d'une grande partie de la nation. C'est une belle idée d'élever des monuments aux grands citoyens et même à ceux qui, sans être grands, ont rendu au pays, sous toutes les formes, des services signalés ou ont été ses bienfaiteurs. Mais le choix doit en être fait avec discernement. Il faut éviter qu'on puisse y mêler la passion et surtout l'esprit de parti, car, dans ce cas, le but qu'on se propose, c'est-à-dire de servir d'exemple aux générations à venir et de modèles à imiter, est manqué, et il en résulte chez beaucoup l'effet contraire, la répulsion et le mépris. Les statues doivent, autant que possible, consacrer l'union de tous dans les témoignages de la grandeur, de l'honneur et de la gloire de la patrie. Elles doivent contribuer à élever les âmes et à unir les citoyens dans une pensée d'admiration et de reconnaissance.

Il y a peu de temps encore, les noms des rues se rattachaient à l'histoire locale ; tantôt c'était le souvenir d'un fait, d'une situation topographique ; tantôt ils rappelaient un homme, une famille ayant rendu des services au pays ou à sa ville natale. On retrouvait ainsi les impressions du passé ; mais le mal moderne de la politique a tout envahi. Aujourd'hui, ce sont des noms de toutes sortes, ayant fait du bruit un peu partout, mais étrangers à la localité, qu'on accroche au coin des rues; de façon que, bientôt, dans toutes les villes, on lira les mêmes noms. Ainsi auront disparu les souvenirs locaux, si instructifs et souvent si touchants. L'hommage rendu par ses compatriotes au citoyen qui a fait du bien sera effacé. N'était-ce pas, cependant, la récompense la mieux méritée? Il y avait en cela un encouragement qui coûtait peu et qui avait, toutefois, une grande portée. Il serait à désirer qu'on reprît cette tradition bien faite pour concilier les partis.

Nous osons à peine parler de la Légion d'honneur. Elle était, sous un beau nom, un magnifique symbole que nos dissensions avaient laissé intact. Malheureusement, il a été depuis peu altéré comme tout le reste. Cependant le rétablissement de la dignité et du respect dans les hautes sphères de l'État lui rendrait facilement tout son éclat. Il constituerait de nouveau un encouragement à servir ardemment la patrie et un lien précieux entre tous les dévouements.

On devrait éviter les clubs et les réunions publiques, parce qu'on y apporte trop de passions et de violences. La solennité de ces discussions entraîne

les esprits qui se sont avancés dans l'exposé d'une
idée ou d'un système à mettre leur amour-propre à
ne pas changer. Mieux vaudrait multiplier, au contraire, les réunions privées, les cercles et les salons,
parce que, en y causant sous la forme familière, on
s'éclaire bien mieux mutuellement, et l'on arrive plus
aisément à s'entendre.

Dans l'état présent des choses, l'action de la
presse est exceptionnelle. Tout le monde sait lire, et
beaucoup ne savent guère autre chose. Cependant,
ceux-ci comme ceux-là sont électeurs et même éli-
gibles. Le journal, très peu coûteux, pénètre partout.
Il est l'initiateur des opinions du plus grand nombre.
On remplit donc un devoir en utilisant activement ce
moyen de propager les idées saines et de soutenir
les bonnes causes. Chacun se doit à cette œuvre de
conciliation.

En terminant, nous croyons utile de citer les lignes
suivantes, empruntées au *Figaro* du 31 janvier 1888
et signées par un homme dont le jugement et la
clairvoyance nous ont toujours vivement frappé,
M. Francis Magnard :

« Les persécutions religieuses ont créé entre les
« deux moitiés de la France un abîme difficile à
« combler désormais ; enfin l'abus du droit de
« réunion associé à celui de la liberté de la presse a

« certainement abaissé le niveau de la moralité et
« de la sécurité publiques.

« Neuf ans de République républicaine ont détruit
« l'abri pacifique qu'avaient édifié huit ans de Répu-
« blique conservatrice. »

Revenir à ce passé récent est le but à atteindre.

V

Si nous étions plus modestes, nous pourrions
prendre exemple de pays qui sont unis à nous par
des liens de race. En Italie et en Espagne, beaucoup
d'hommes politiques considérables ont su se sou-
mettre aux circonstances. Suivant les événements et
les temps, ils ont été républicains ou monarchistes, de
façon à pouvoir participer aux affaires dans l'intérêt
exclusif de leur pays. Après les orages, la conciliation
s'est faite entre les représentants de divers partis ;
après avoir été adversaires, souvent même très ar-
dents, ils se sont unis pour soutenir le gouvernement
et pour en prendre, au besoin, la direction.

Nous croyons qu'en France, par suite du service
obligatoire et des circonstances, la nécessité s'impose

en ce moment pour les modérés de tous les partis dans les Chambres, de placer à la tête de l'État un général[1] qui puisse avoir de l'autorité sur l'armée et sur la nation. Grâce à lui, la discipline sera strictement maintenue sous les armes, et l'habitude d'obéir s'étendra successivement sur le pays tout entier. Dans le cas contraire, l'indiscipline passera du pays dans l'armée; le désordre en sera la conséquence, et il en sortira un dictateur vulgaire, qui deviendra un danger à l'intérieur comme à l'extérieur.

L'opinion émise sur notre Constitution par M. Cleveland, président des États-Unis, dans un discours prononcé, au mois de septembre dernier, à l'occasion du centenaire de la Constitution américaine, servira de conclusion à cette étude :

« Au siècle dernier, a dit M. Cleveland, notre
« vieille alliée, la France, suivant rapidement nos
« traces, abolit la monarchie; mais, dans les essais
« qu'elle a faits pour établir une République repré-
« sentative, elle n'a réussi qu'à fonder une série de
« gouvernements instables et de courte durée. Il est
« impossible, pour un Américain, familiarisé avec les
« principes de son gouvernement et l'action de sa
« Constitution, d'hésiter un seul instant à attribuer

---

[1] Ce que nous avons dit sur les généraux et l'armée s'applique, on le comprend, à la marine et à ses chefs.

« ces insuccès du peuple français, en très grosse
« part, au défaut que présentaient ses diverses
« Constitutions dans les points où elles différaient de
« la nôtre. Après le renversement du pouvoir mo-
« narchique absolu, le premier soin des Français fut
« de réunir en une seule Assemblée les nobles, le
« clergé et le tiers état qui, sous la monarchie, déli-
« béraient séparément. Après un essai infructueux
« de gouverner au moyen de comités délégués par
« cette Assemblée unique, on en vint, à la suite de
« diverses alternatives, sur lesquelles je glisse, à
« remettre le pouvoir exécutif entre les mains d'un
« comité de sept membres appelés directeurs. Il suf-
« fit de dire du Directoire que, bien qu'il constituât
« un progrès sur Robespierre et le Comité de salut
« public, Napoléon le renversa facilement pour éta-
« blir successivement trois consuls dont il était le
« chef, puis le Consulat à vie pour lui-même, et,
« enfin, l'Empire, où il était tout : pouvoir exécutif,
« législatif et judiciaire. Il serait hors de propos de
« raconter ici l'histoire de la seconde République et
« du second Empire. Pour la troisième fois aujour-
« d'hui, la France est en République. Elle a un pré-
« sident, un Sénat, une Chambre des députés,
« comme dans notre Constitution ; mais son président,
« élu par l'Assemblée pour sept ans, est un véritable

« zéro : son action est nulle. On supposait que la
« longueur du terme présidentiel donnerait plus de
« stabilité au gouvernement et rendrait l'action du
« président plus effective. En réalité, le résultat ob-
« tenu a été que le président n'est qu'une simple
« figure pour la représentation publique, un jouet
« dans la main de la faction (car on ne saurait lui
« donner le nom de parti) qui prévaut pour l'instant
« dans la Chambre des députés. Sa fonction princi-
« pale, parfaitement ingrate d'ailleurs, est de re-
« construire perpétuellement des cabinets qui s'é-
« croulent à peine construits, sur lesquels il n'a
« aucune influence, et qui non seulement voient
« toute leur politique soumise au contrôle incessant
« des députés qui les ont fait nommer, mais encore
« vivent constamment dans la crainte d'une émeute
« ou d'une révolution par le peuple de Paris. Dans
« ce système politique, le Sénat, comme la Chambre
« des lords en Angleterre, n'a aucune influence sur
« la marche du gouvernement, et ne ressemble en
« rien à notre Sénat, dont les membres représentent
« des États, et qui ont à la fois le courage et la possi-
« bilité de résister, quand ils le jugent nécessaire,
« au président des États-Unis, ou à la Chambre des
« représentants ou à tous les deux. »

PARIS

TYPOGRAPHIE DE E. PLON, NOURRIT ET Cie

8, rue Garancière.